BEI GRIN MACHT SICH IHR WISSEN BEZAHLT

AF135818

- Wir veröffentlichen Ihre Hausarbeit, Bachelor- und Masterarbeit

- Ihr eigenes eBook und Buch - weltweit in allen wichtigen Shops

- Verdienen Sie an jedem Verkauf

Jetzt bei www.GRIN.com hochladen und kostenlos publizieren

GRIN

Bibliografische Information der Deutschen Nationalbibliothek:

Die Deutsche Bibliothek verzeichnet diese Publikation in der Deutschen National-
bibliografie; detaillierte bibliografische Daten sind im Internet über http://dnb.d-
nb.de/ abrufbar.

Impressum:

Copyright © 2020 GRIN Verlag
Druck und Bindung: Books on Demand GmbH, Norderstedt Germany
ISBN: 9783346189172

Dieses Buch bei GRIN:

https://www.grin.com/document/584327

Anonym

Doping im Leistungs- und Breitensport. Entstehung, Substanzen und Bekämpfung

GRIN Verlag

GRIN - Your knowledge has value

Der GRIN Verlag publiziert seit 1998 wissenschaftliche Arbeiten von Studenten, Hochschullehrern und anderen Akademikern als eBook und gedrucktes Buch. Die Verlagswebsite www.grin.com ist die ideale Plattform zur Veröffentlichung von Hausarbeiten, Abschlussarbeiten, wissenschaftlichen Aufsätzen, Dissertationen und Fachbüchern.

Besuchen Sie uns im Internet:

http://www.grin.com/

http://www.facebook.com/grincom

http://www.twitter.com/grin_com

Doping im Leistungs- und Breitensport

Hausarbeit des Sport-Leistungskurses

Inhaltsverzeichnis

1.Einführung

Viele Sportler träumen davon, sich am Sport eine goldene Nase zu verdienen und aus ihrem Hobby einen Beruf zu machen. Um das zu schaffen, müssen die Sportler allerdings zu den Besten der Besten gehören und hart an ihren Körpern arbeiten um den Leistungsanforderungen gerecht zu werden. Dies führt jedoch dazu, dass trotz der vielen Nebenwirkungen, immer mehr Sportler zu illegalen Medikamenten und Schmerzmitteln greifen um diese Leistungsanforderungen zu erfüllen. Aber nicht nur der Leistungssport, sondern auch der Breitensport ist von solchen Dopingskandalen betroffen, da immer mehr Fitnesssportler den schnellen Weg zum „perfekten Körper" wählen. In den letzten Jahren fand man heraus, dass etwa sieben bis acht Millionen Profi- und Amateursportler jährlich weltweit auf Dopingmittel zurückgreifen[1]. Das Thema Doping befindet sich zurzeit jedoch in einer gefährlichen Situation. Durch immer schlechter nachweisbare Dopingsubstanzen besteht die Gefahr, dass der Sport in Zukunft aus Dopingveranstaltungen besteht und der Stellenwert des Sports in unserer Gesellschaft zum Erliegen gelangt. In dieser Hausarbeit versuche ich zu verdeutlichen, wieso sich Sportler diesen Risiken aussetzen, welche Doping-Methoden heutzutage angewandt werden und wie die Welt-Anti-Doping-Agentur (WADA) versucht gegen die Vielzahl an Dopingverstößen vorzugehen.

2.Doping – Entstehung und Definition

Doping ist bereits seit langer Zeit ein problematisches Thema, das sich mit der Zeit ständig weiterentwickelt. Es werden ständig neue Doping-Methoden entdeckt, die meist aus der medizinischen Forschung stammen und ursprünglich Krankheiten wie Muskelschwund heilen sollten. Durch diese ständige Entwicklung ist es kaum möglich eine dauerhaft geltende Definition zu verfassen.

2.1.Entstehung des Dopingbegriffes

Schon seit Jahrtausenden hat der Mensch versucht, seine Leistungsfähigkeit durch verschiedene Drogen und Arzneimittel zu steigern. Laut der nordischen Mythologie verwendeten die Berserker[2] die Droge Bufotenin[3], welche sie aus den Fliegenpilzen gewannen, um eine Steigerung der Kampfkraft um das Zwölffache zu bewirken. Aber auch

---

[1] https://info.arte.tv/de/doping-zahlen (13.04.2020 - 15:06)
[2] Berserker waren Krieger, welche im Rausch kämpften und somit keine Schmerzen oder Wunden wahrgenommen haben.
[3] Bufotenin ist ein psychedelisch wirksames halluzinogenes Alkaloid, welches mit dem menschlichen Serotonin verwandt ist.

die Griechen und die Römer griffen zu Mohn und Opium[4]. Der Begriff „Doping" hat höchstwahrscheinlich seinen Ursprung in Afrika, wo man mit „Dop" einen Schnaps bezeichnete, den die Eingeborenen während religiöser Rituale tranken, um in eine andere Welt einzutauchen. 1869 tauchte das Wort „Doping" zum ersten Mal in einem englischen Wörterbuch auf und bezeichnete eine Mischung aus Opium und narkotisierenden Drogen, die beim Dopen von Pferden verwendet wurden. Heutzutage versteht man im allgemeinen Sprachgebrauch unter „Doping" die Verbesserung der körperlichen und geistigen Leistungsfähigkeit mithilfe von bestimmten Medikamenten und Arzneimitteln.

2.2. Doping – Definition des IOC und der WADA

Das Internationale Olympische Komitee (IOC) definiert Doping folgendermaßen: „Doping ist die beabsichtigte oder unbeabsichtigte Verwendung von Substanzen aus verbotenen Wirkstoffgruppen und die Anwendung verbotener Methoden entsprechend der aktuellen Dopingliste." Die Liste der verbotenen Wirkstoffgruppen umfasst z.B. Stimulanzien[5], Narkotika[6], anabole Substanzen[7], Diuretika[8] und Verbindungen die chemisch, pharmakologisch oder von der angestrebten Wirkung her verwandt sind. Sportspezifisch können weitere Substanzen und Wirkstoffgruppen, z.B. Alkohol[9], Sedativa oder Beta-Blocker, unter den Doping Substanzen aufgeführt werden.[10]

Seit 2004 gilt jedoch offiziell die Definition der WADA, welche im sogenannten „Welt-Anti-Doping-Code" auf mehreren Seiten fixiert wurde. Laut dieser Definition versteht man unter Doping die Anwendung unerlaubter medizinischer Substanzen, mit dem Zweck eine Leistungssteigerung zu erzielen.[11]

3. Grundlagen des Dopings

Ein untrainierter Mensch ist dazu in der Lage, etwa 70% seiner maximalen Leistungsfähigkeit, durch normalen Willenseinsatz, zu mobilisieren. Die restlichen 30% zählen zu den autonom geschützten Kraftreserven. Die Grenze zwischen der maximalen Leistungsfähigkeit und den autonom geschützten Reserven, kann zwar durch Training nach oben verschoben werden, jedoch wird die maximale Leistungsfähigkeit niemals bei 100%

---

[4] Mohn und Opium sind ebenfalls Rauschmittel.
[5] Siehe 4.2
[6] Siehe 4.3
[7] Siehe 4.1
[8] Siehe 4.6
[9] Siehe 4.8
[10] https://www.olympic.org/~/media/Document%20Library/OlympicOrg/IOC/What-We-Do/Protecting-Clean-Athletes/Fight-against-doping/EN-Anti-Doping-Rules-PyeongChang2018.pdf?la=en(13.04.2020–16:12)
[11] https://www.wada-ama.org/sites/default/files/resources/files/2015-wadc-final-de.pdf (13.04.2020 - 16:20)

liegen können. Die maximale, durch Training zu erreichende Leistungsfähigkeit liegt bei etwa 90%, da die Leistungsreserven nur in Extremsituationen abgerufen werden können, wie beispielsweise bei Todesangst. Und hier bietet sich auch schon die erste Möglichkeit an, eine Leistungssteigerung mithilfe von Dopingsubstanzen zu erzielen. Durch die Einnahme von schmerzhemmenden Mitteln, würde der gedopte Sportler zunächst keine Ermüdungserscheinungen spüren. Erst nach Verbrauch der autonom geschützten Reserven würden Ermüdungserscheinungen eintreten, wodurch sowohl es zu einem massiven plötzlichen Leistungsabfall, als auch zu einem Herz-Kreislauf-Zusammenbruch mit eventueller Todesfolge kommen kann. Bei dieser Dopingmethode handelt es sich um Doping in der Belastungsphase. Grundsätzlich wird zwischen Doping in der Belastungsphase und Doping in der Regenerationsphase unterschieden. Beim Doping in der Belastungsphase wird mithilfe von bestimmten Parmas eine erhöhte Ausschöpfungsrate der Leistungsreserven erzielt. Hierzu zählt das oben genannte Beispiel mit den schmerzhemmenden Mitteln. Die meisten der Mittel, die für diese Form des Dopings verwendet werden, sorgen jedoch für eine stark verlängerte Erholungszeit. Dies führt dazu, dass dem Sportler letztendlich eine verminderte Trainingshäufigkeit möglich ist, wodurch im Endeffekt eine Verminderung der Leistungsfähigkeit erzielt wird. Ein weiterer Nachteil dieser Dopingmethode ist das erhöhte Verletzungsrisiko, das durch die Störung der lebenserhaltenden Schutzreflexe herbeigeführt wird. Beim sogenannten Doping in der Regenerationsphase, wird die Superkompensation nach sportlichen Belastungen, durch die künstliche Zufuhr von Vitaminen, Eiweißgemischen, ebenso wie Hormonen gefördert. Ein perfektes Beispiel für die Art von Doping bilden die Anabolika. Neben dem enormen Muskelaufbau, der durch die Anabolika herbeigeführt wird, verbessern diese auch noch die Regeneration nach der Belastung. Daraus folgt, dass die allgemeine Trainingsbelastung erhöht werden kann, um somit eine Leistungssteigerung zu erzielen. Was viele Sportler jedoch meist bei der Einnahme von Anabolika vergessen ist, dass diese ohne Training nur geringfügige Leistungsverbesserungen bewirken. Außerdem kann diese Dopingmethode zu Disproportionen in der Entwicklung des Sportlers und zu Verletzungen aufgrund von Überforderungen führen.

3.1.Gründe und Motive für Doping im Spitzensport
Moderne Sportler sind unentwegt im dauerstress und das nicht nur auf dem Platz, in der Schwimmhalle oder auf der Bahn, sondern auch im privaten Bereich. Nur herausragende Leistungen finden bei den Zuschauern, Medien und Sponsoren Interesse. So ist ihre Psyche nicht nur durch den Anreiz staatlicher Belohnungen für Siege und Medaillen geprägt,

sondern auch durch die Möglichkeit, mit einem spektakulären Sieg zum Star zu werden. „Gewinne um jeden Preis" lautet dabei meistens die Devise. So mag der Griff zu leistungsfördernden Substanzen zwar mit einem gewissen Unrechtsbewusstsein verbunden sein, doch wird dieses nur allzu gerne verdrängt. Insgesamt scheint die Motivation für Doping einen Wandel durchgemacht zu haben. Früher wurde „offensives Doping" betrieben, hauptsächlich um sich einen Vorteil zu verschaffen, wohingegen heutzutage eher das „defensive Doping" angesagt ist. Beim „defensiven Doping", dopen die Sportler hauptsächlich um einen gewissen Nachteil auszugleichen, der dadurch entsteht, dass die Konkurrenten überwiegend ebenfalls dopen.

3.2.Gründe und Motive für Doping im Breitensport

Unter Breitensport versteht man jeglichen Sport, der von der breiten Bevölkerung betrieben wird um die Fitness des Körpers aufrecht zu erhalten. Seit Mitte der 1970er Jahre hat sich die Breitensportszene vor allem durch die zahlreichen Fitnessstudios weiterentwickelt. Einige Umfragen ergaben, dass im Jahr 2019 rund 11,7 Millionen Menschen Mitglied in einem der zahlreichen Fitnessstudios in Deutschland waren. Breitensportler stehen unter keinem Wettbewerb zueinander, weshalb sie meist nicht aufgrund ihres sportlichen Ehrgeizes oder aus finanziellen Gründen dopen, sondern meist um die harte Arbeit hinter ihrem Traumkörper zu umgehen. Da diese Form des Dopings jedoch nur zum „stylen" des eigenen Körpers benutzt wird und der Breitensportler nicht durch psychischen Druck in solch eine Situation gedrängt wird, spricht man hierbei nicht von Doping, sondern von illegalem Medikamentenmissbrauch. Eine besonders bekannte Form des Dopings im Breitensport, stellt hierbei die Gruppe der Anabolika[12] da.

4.Dopingsubstanzen und ihre Wirkungsmechanismen

Aufgrund der medizinischen Entwicklungen gibt es von Jahr zu Jahr neue Dopingmethoden, welche hier allerdings nicht alle aufgelistet werden können. Aus diesem Grund finden Sie hier eine Vielzahl der bekanntesten und wichtigsten Dopingsubstanzen.

4.1.Anabolika

Unter Anabolika bezeichnet man meist die abgeleiteten, synthetisch hergestellten anabolen Steroide, welche dem Testosteron sehr ähnlich sind. Anabole Steroide fördern den Aufbaustoffwechsel des Körpers, indem sie die Proteinbiosynthese anregen und gleichzeitig den Abbau von Eiweißen in der Muskulatur verhindern. Aufgrund des

---

[12] Siehe 4.1

4

verringerten Eiweißabbaus, sorgen Anabolika für eine positivere Stickstoffbilanz[13]. Zu den Hauptursachen für die Leistungssteigerung zählen die verbesserte Motivation, die Verhinderung des Muskelabbaus, Einflussnahme auf den Proteinstoffwechsel[14] sowie die verbesserte Regenerationsfähigkeit. Ausschlaggebend ist hier jedoch die Einflussnahme auf den Proteinstoffwechsel. Bei andauernden intensiven Belastungen, muss der menschliche Körper auf Proteine als Energieträger zurückgreifen. Da Proteine jedoch nur einen 10%igen Anteil der Kalorienbereitstellung erfüllen, geht Arbeitsmuskulatur verloren, die in der Regenerationsphase wiederhergestellt werden muss. Dieser Vorgang wird durch Anabolika jedoch extrem beschleunigt. Neben der anabolen, muskelaufbauenden Wirkungen, gibt es jedoch noch die androgene Wirkung (vermännlichende Wirkung) von anabolen Steroiden, welche jedoch meist unerwünscht ist, da sie relativ viele Nebenwirkungen mit sich bringt. Testosteron wird innerhalb des Körpers, mithilfe des Enzyms 5-alpha-Reduktase, in Dihydrotestosteron (DHT) umgewandelt. DHT ist dafür bekannt, dass es den Lebenszyklus von Zellen verkürzen kann. Da Haare zum Beispiel einer ständigen Wachstumsphase unterliegen, kann DHT dafür sorgen, dass Haarwurzeln zu Grunde gehen und der Körper keine neuen Haare mehr produzieren kann. Eine weitere Nebenwirkung kann die Gynäkomastie sein. Hierbei handelt es sich um eine Vergrößerung des Brustdrüsengewebes, welche durch das Hormon Östrogen ausgelöst wird. Der menschliche Körper versucht ständig ein Gleichgewicht zwischen Testosteron und Östrogen zu schaffen. Aufgrund dessen, dass durch die anabolen Steroide jedoch wesentlich mehr Testosteron im Körper vorhanden ist, kommt es dazu, dass das Testosteron mithilfe des Enzyms Aromatase, welches sich im Fettgewebe befindet, in Östrogen umgewandelt wird. Dies ist jedoch nur bei Präparaten möglich, die sich auch in Östrogen umwandeln lassen (z.B. Testosteron, Oxymetholon, Dianabol). Neben den herkömmlichen Nebenwirkungen wie Akne, Wassereinlagerungen, Schädigungen des Herz-Kreislauf-Systems, sowie Leberschäden und eine erhöhte Aggressivität, kann es bei Frauen noch zu einer sogenannten Vermännlichung kommen. Hierbei kommt es zu einer tieferen Stimme, zu einer verstärkten Körperbehaarung, sowie zu einer Störung des Menstruationszyklus. Heutzutage sind Anabolika, aufgrund ihrer zahlreichen Nebenwirkungen, verschreibungspflichtig und nicht frei zugänglich, weshalb ein Missbrauch von Anabolika strafrechtlich verfolgt wird. Viele Fitnesssportler lassen sich jedoch weder von den zahlreichen Nebenwirkungen, noch von der strafrechtlichen

---

[13] Die Stickstoffbilanz ist ein Laborwert, mit dem man den Eiweißstoffwechsel beurteilen kann. Der Wert gibt an, in welchem Verhältnis Stickstoffaufnahme und –abgabe zueinander stehen.
[14] Unter Proteinstoffwechsel versteht man die Aufnahme, den Aufbau, Abbau sowie die Ausscheidung von Proteinen.

Verfolgung abschrecken und konsumieren anabole Steroide weiterhin um schneller Muskeln aufzubauen.

4.1.1. Testosteron

Testosteron ist ein Sexualhormon, welches sowohl bei Männern als auch bei Frauen vorkommt, bei Frauen jedoch in einer wesentlich geringeren Dosis. Testosteron wird hauptsächlich an ein Protein gebunden und über das Blut in viele Organe transportiert. Außerhalb der Geschlechtsorgane besitzt Testosteron eine anabole, das heißt muskelaufbauende Wirkung und wird somit oft von Fitnesssportlern verwendet um ihren natürlichen Muskelaufbau zu beschleunigen. Da das reine Testosteron in der

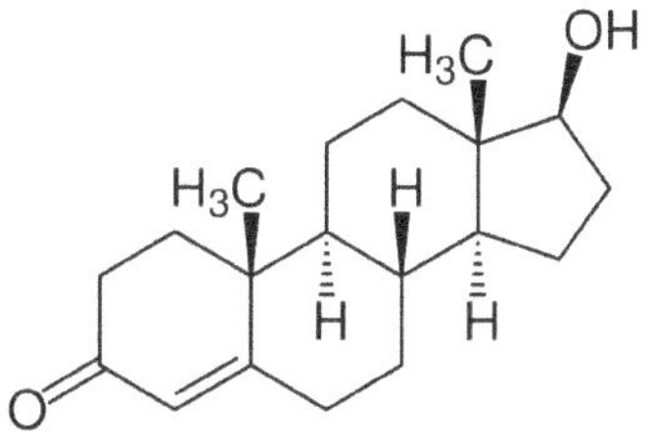

Abbildung 1: Testosteron Summenformel

Leber größtenteils abgebaut wird und somit keinen leistungssteigernden Effekt erzielt, bindet man dieses meistens an einen Rest (z.B. Propionat), sodass dieses Hormon verestert wird. Die meisten Sportler behaupten, bereits nach 1-2 Tagen eine gesteigerte Motivation und Bereitschaft gemerkt zu haben sowie längere und härtete Trainingseinheiten absolviert zu haben.

4.1.2. Nandrolon

Nandrolon ist ein anabol wirkendes Steroidhormon[15], welches vom männlichen Geschlechtshormon Testosteron abgeleitet wird. Nandrolon besitzt im Gegensatz zu Testosteron keine Methylgruppe. Ähnlich wie bei Testosteron muss Nandrolon an einen Rest gebunden werden bevor man dieses injizieren kann. Nach der Injektion kann es zu einer vermehrten Wassereinlagerung kommen, von der vor allem Sportler mit Gelenkproblemen profitieren können, da diese Wassereinlagerungen das Gelenk schonen und schützen. Im Gegensatz zu Testosteron ist Nandrolon verstärkt Nachweisbar, da es normalerweise nicht vom menschlichen Körper

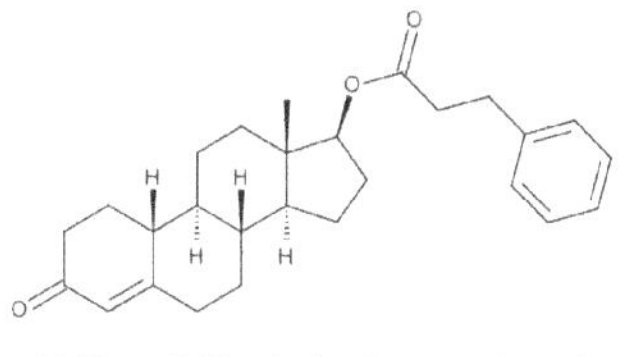

Abbildung 2: Nandrolon Summenformel

produziert wird.

---

[15] Steroidhormone sind unter anderem Sexualhormone.

4.1.3.Stanozolol

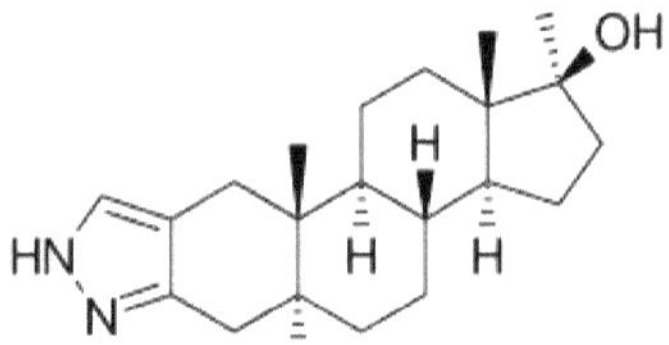

Stanozolol ist, ähnlich wie Nandrolon, ein synthetisch hergestelltes Steroid, welches hauptsächlich in der Veterinärmedizin[16] zur Stimulierung von Appetit, Gewichtszunahme und Muskelaufbau angewandt wird. Aufgrund der anabolen Eigenschaft, wird es von Sportlern als Dopingmittel eingesetzt. Die

Abbildung 3: Stanozolol Summenformel

anabole Wirksamkeit liegt jedoch weit hinter der von Testosteron. Stanozolol bewirkt durch die erhöhte Thermogenese jedoch eine Anabolika typische Kraftsteigerung und beschleunigte Leistungsentwicklung. Somit kommt es zu einem verstärkten Fettabbau, der zu einem austrainierten Körper führen kann. Bei der Olympiade in Seoul 1988 wurde Stanozolol durch den Dopingfall von Ben Johnson[17] besonders bekannt. Aufgrund der besonders negativen Fettwerte, die durch Stanozolol herbeigeführt werden, erhöht sich das Risiko einer Herz-Kreislauf-Erkrankung, welche letztendlich bis zu einem Herzinfarkt führen kann.

4.2.Stimulanzien

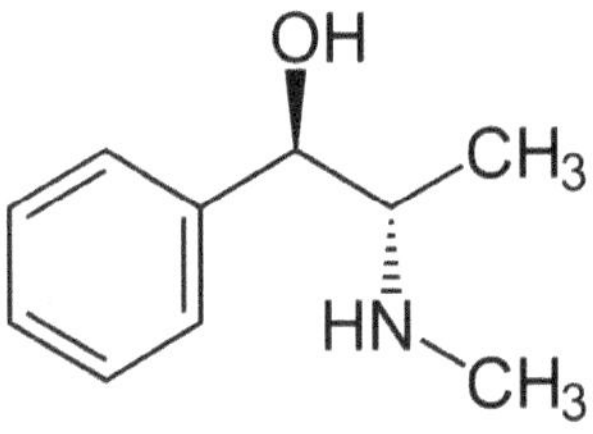

Abbildung 4: Ephedrin Summenformel

Stimulanzien, die nur im Wettkampf verboten sind, sind eine relativ inhomogene[18] Gruppe von chemischen Verbindungen, zu denen sowohl künstlich produzierte als auch natürliche Stoffe gehören. Die typischen Stimulanzien, wie beispielsweise Amphetamin oder Ephedrin, besitzen eine ähnliche chemische Struktur wie die körpereigenen Hormone Adrenalin oder Noradrenalin. Ihnen ist gemeinsam, dass sie im Organismus eine erhöhte psychische Leistungsbereitschaft und physische Leistungsfähigkeit bewirken. Stimulanzien erweitern die Bronchien (bessere Atmung und damit verbesserte Sauerstoffaufnahme) und erhöhen die Herzkraft und -frequenz (durch einen verbesserten Sauerstofftransport), wodurch der Körper eine höhere Leistungsbereitschaft aufweist. Außerdem wird in der Muskulatur verstärkt Glykogen zu Glucose abgebaut und in den Fettzellen werden Fette zu Fettsäuren gespalten. Die Glucose und die Fettsäuren liefern die nötige Energie zur Aufrechterhaltung der körperlichen Arbeit. Im Sport können Stimulanzien zur Verbesserung der Reaktionsfähigkeit und

---

[16] Die Veterinärmedizin beschäftigt sich mit den Krankheiten von Tieren.
[17] Siehe 11.1
[18] „Inhomogen" bedeutet hier „nicht gleichmäßig aufgebaut".

Schnellkraft missbraucht werden, sowie zur Anhebung der Ermüdungs- und Erschöpfungsgrenze. Die klassischen Dopingmittel in dieser großen Gruppe sind die strukturell mit den körpereigenen Katecholaminen, wie Adrenalin, Noradrenalin und Dopamin, verwandten Phenylethylamin-Abkömmlinge. Die natürlichen Neurotransmitter (z. B. Dopamin) und die Hormone (z. B. Adrenalin) haben im Organismus wichtige Aufgaben. Während Adrenalin stressbedingte Prozesse fördert, die der Flucht, dem Kampf und der Angst bzw. erhöhter Aufmerksamkeit dienen, wird Dopamin allgemein als Glückshormon bezeichnet. Auch einige im Pflanzenreich vorkommende Phenylethylamin-Alkaloide (z.B. Ephedrin, Kokain) haben eine stimulierende Wirkung. Zu den schwach wirksamen Substanzen gehören die nicht verbotenen Stoffe Koffein und Theobromin sowie das verbotene Kathin. Zu den stark wirksamen Substanzen gehören Kokain, Ephedrin, Ecstasy (künstlich), Amphetamin (künstlich), Fenetyllin, Sibutramin (künstlich), Strychnin (Brechnuss) und Adrenalin. Relativ bekannt und verbreitet ist Methylphenidat (u.a.Ritalin) zur Behandlung des Aufmerksamkeitsdefizites (ADHS).

4.3.Narkotika

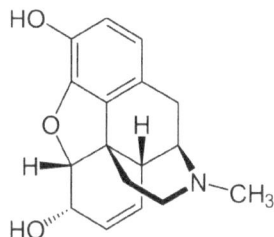

Abbildung 5: Morphin Summenformel

Narkotika sind meist wasser- und lipidlösliche[19] Substanzen, welche das Membrangefüge der Nervenzellen verändern, indem sie sich dort einlagern und somit eine Störung der Arbeitsfähigkeit der Na^+- und K^+-Kanäle herbeiführen. Aufgrund der dabei entstehenden Hemmung der Weiterleitung der Erregung, bzw. aufgrund der dadurch herbeigeführten schmerzstillenden Wirkung, werden Narkotika meistens in Sportarten verwendet, bei denen es leicht zu Schmerzen kommen kann (bspw. Kampfsportarten). Neben der schmerzstillenden Wirkungen konnte man bei zahlreichen versuchen erkennen, dass Narkotika aufgrund des Placebo-Effektes[20] in geringerer Dosis sogar motivierend wirken. Immer mehr Sportler kombinieren Narkotika jedoch meist mit Stimulanzien, wodurch quasi ein Leistungsrausch ausgelöst wird, bei dem beinahe alle Schmerzsignale unterdrückt werden. Zu der Wirkstoffgruppe der Narkotika gehören beispielsweise Wirkstoffe wie Buprenorphin, Morphin oder Methadon. Aufgrund der veränderten Selbstwahrnehmung kann es beim Dopen mit Narkotika zu einer gefährlichen

---

[19] „Lipidlöslich" bedeutet „in Fett Löslich".
[20] Beim sogenannten Placebo-Effekt bekommt der Sportler das Gefühl, dass das eingenommene Dopingmittel wirkt, obwohl es das gar nicht tut. Mit diesem Glauben ist er jedoch dazu in der Lage, bessere Leistungen zu erzielen. Dieser Effekt ist ebenfalls auf andere Aspekte des Lebens übertragbar.

Überbelastung des Körpers kommen. Außerdem besteht die Möglichkeit, mithilfe von Narkotika die Schmerzen einer Verletzung auszuschalten, um somit trotz der Verletzung am Wettkampf teilzunehmen. Die Wirkstoffgruppe der Narkotika besitzt eine hohe Suchtgefahr und wird aufgrund dessen eher seltener als Dopingsubstanz eingesetzt.

4.4.Peptidhormone

Peptidhormone besitzen wasserlösliche Eigenschaften und kennzeichnen sich durch ihre Aminosäurezusammensetzung. Peptidhormone bestehen aus Peptidketten mit einer geringen Anzahl an Aminosäuren, welche enzymatisch verknüpft wurden. Eine der Peptidhormone, die oft als Dopingsubstanzen missbraucht werden ist Erythropoetin.

4.4.1.Erythropoetin

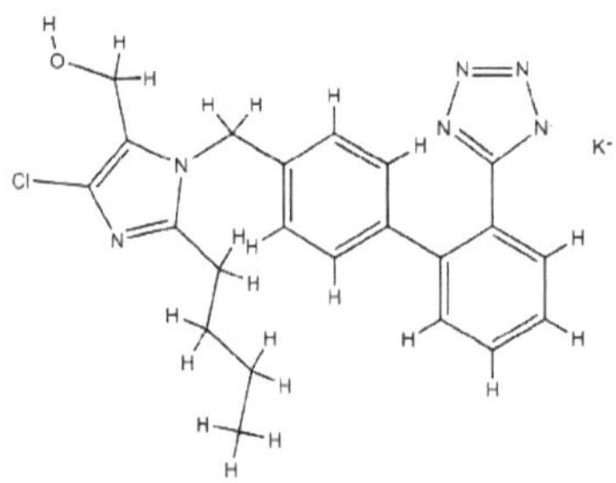

Abbildung 6: Erythropoetin Summenformel

Erythropoetin wird beim erwachsenen Menschen zu 90% in der Niere und zu 10% in der Leber gebildet und stimuliert das Knochenmark zur Bildung von Erythrozyten[21], welche für den Sauerstofftransport unverzichtbar sind. Das synthetisierte EPO wird ursprünglich für Patienten mit chronischem Nierenversagen oder mit Blutarmut produziert. EPO wird nicht nur als therapeutisches Biopharmazeutikum verwendet, sondern auch im Spektrum der Dopingsubstanzen. Dopende Sportler wollen mithilfe von EPO ihre Masse an Erythrozyten erhöhen um somit eine erhöhte Sauerstofftransportkapazität zu erreichen. Bei dem am meisten verwendeten EPO-Derivat CERA, ist das EPO-Molekül mit einem Methoxypolyethylenglycolpolymer verknüpft. Dies sorgt dafür, dass das EPO nicht über die Nieren ausgeschieden wird und somit eine längere Halbwertzeit[22] hat. CERA muss einmal pro Monat subkutan injiziert[23] werden, um seine vollständige Wirkung zu entfalten. Bei der Tour de France 2008 wurden bereits 4 Radfahrer mit der Anwendung von CERA überführt. Heutzutage werden EPO-Präparate genommen, die zwar eine wesentlich geringere Wirkung als CERA haben, jedoch ebenfalls eine kürzere Halbwertszeit, sodass sie zur Zeit des gewünschten Wirkungseintrittes bereits aus dem Körper ausgeschieden wurden. Eine Besonderheit dabei ist, dass das

---

[21] Erythrozyten sind rote Blutkörperchen die ihre Farbe von dem Wirkstoff Hämoglobin haben und dazu in der Lage sind Sauerstoff zu binden und zu transportieren.
[22] Als Halbwertszeit wird die Dauer eines Stoffes bezeichnet, die er innerhalb eines Organismus verbringt, bis nur noch die Hälfte des Stoffes vorhanden ist..
[23] Eine subkutane Injektion wird im Fettgewebe des Patienten durchgeführt.

gentechnologisch hergestellte EPO sich kaum vom natürlich hergestellten EPO unterscheiden lässt. EPO hat jedoch auch einige gefährliche Nebenwirkungen. Durch die Zunahme an Erythrozyten steigt ebenfalls die Viskosität des Blutes, sodass eine erhöhte Gefahr der Thrombosebildung besteht und es bei kleineren und engeren Gefäßen zu einer Verklumpung der Blutsäule kommen kann. Außerdem kommt es aufgrund der erhöhten Viskosität meist zu einer Überbelastung des Herzens, die in einigen Fällen bereits mit einem Herzstillstand endete.

4.5. Kokain

Kokain ist ein weißes, bitter schmeckendes Pulver, das gewöhnlicher weise aus der Kokapflanze gewonnen wird und die Eigenschaft besitzt, die Wiederaufnahme von Transmitterstoffen, aus dem synaptischen

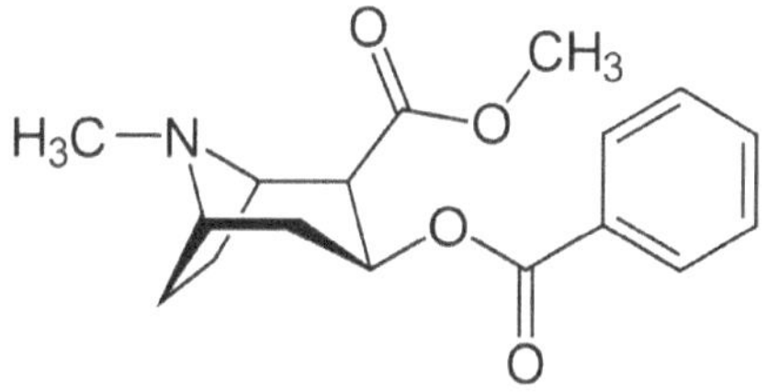

Spalt, zu hemmen. Dies führt dazu, dass diese Transmitterstoffe eine verstärkte Wirkung

Abbildung 7: Kokain Summenformel

entfalten. Für den Konsumenten bedeutet diese eine Verminderung des Müdigkeitsgefühls, Empfindung eines Gefühls des Wohlseins, der Leistungsfähigkeit, eine Intensivierung angenehmer Empfindungen und Unterdrückung unangenehmer Empfindungen. Aufgrund dessen, dass Kokain ebenfalls den Sympathikus[24] beeinflusst, kommt es zu einem erhöhten Blutdruck, welcher letztendlich zum Tod durch Herzkammerflimmern oder einen Infarkt führen kann. Außerdem ist Kokain ein suchterzeugendes Mittel, das eine psychische Abhängigkeit verursachen kann. Da die Wirkung von Kokain jedoch maximal 2 Stunden anhält und Kokain ein vergleichsweise teures Doping-Mittel ist, wird diese Doping-Methode immer seltener von Sportlern in Betracht gezogen.

4.6. Diuretika

Diuretikum ist ein Arzneimittel, das gegen Herzinsuffizienz hilft, jedoch von Spitzensportlern verwendet wird um die Ausscheidung verbotener Wirkstoffe zu behindern und um diese somit bei Dopingkontrollen zu verdecken. Sie verhindern die Wiederaufnahme von Natriumchlorid und Kalium im Nierengewebe, sodass sowohl die Mineralien als auch das an die Mineralien gebundene Wasser ausgeschieden werden kann. Dabei wirkt das Diuretikum direkt an der sogenannten Henle'schen Schleife, welche hauptsächlich für die Harnkonzentration zuständig ist. Da der Körper nach Einnahme des

---

[24] Der Sympathikus ist ein Teil des vegetativen Nervensystem, der hauptsächlich die Eingeweide versorgt.

Diuretikums versucht den Wasserhaushalt wieder aufzufüllen, kommt es neben der erhöhten Flüssigkeitsaufnahme ebenfalls noch nur einer geringeren Konzentration des Urins. Dies hat zur Folge, dass ein analytischer Nachweis verbotener Substanzen beinahe unmöglich ist. Aufgrund des herbeigeführten Wasserverlustes, der durch das Diuretikum ausgelöst wird, findet auch ein massiver Gewichtsverlust in relativ kurzer Zeit statt. Somit können Sportler vor einem Wettkampf beispielsweise in eine leichtere Gewichtsklasse eingestuft werden, um sich für den Wettkampf Vorteile zu verschaffen. Durch die Einnahme von Diuretika kann es jedoch ebenfalls zu Stoffwechselstörungen, Elektrolytstörungen und zu lebensbedrohlichen Austrocknungen kommen.

4.7.Beta-2-Agonisten

Beta-2-Agonisten wirken erweiternd auf die Bronchien, indem sie durch eine Stimulierung der Beta-2-Rezeptoren die Symptome eines Asthmaanfalls lindern. Bei der Stimulation der Beta-2-Rezeptoren wird die Wirkung von Adrenalin und Noradrenalin imitiert, sodass sich die Bronchien erschlaffen. Neben der Linderung der Symptome eines Asthmaanfalls, können Beta-2-Agonisten in hohen Dosierungen eine anabole und fettabbauende Wirkung entfalten, indem sie die Proteinbiosynthese fördern. Aus diesem Grund sehen viele Sportler in Beta-2-Agonisten, eine Alternative zu anabolen Steroiden. Aber auch in Ausdauersportarten wird diese Dopingsubstanz verwendet um das Lungenvolumen zu erhöhen und somit mehr Sauerstoff aufnehmen zu können. Aufgrund von zusätzlichen, unspezifischen Aktivierungen der Beta-1-Rezeptoren außerhalb der Lunge, kommt es nach dem Konsum jedoch meist zu übermäßigem Schwitzen, Unruhe, unkontrollierbare Muskelzuckungen sowie zu Herzrasen. Neben diesen Nebenwirkungen kommt es meist noch zu einem erhöhten Sauerstoffverbrauch, der durch die erhöhte Herzfrequenz verursacht wird. Hierbei besteht die Gefahr einer Durchblutungsstörung des Herzens aufgrund der Unterversorgung der Herzmuskelzellen.

4.8.Alkohol

Alkohol greift das zentrale Nervensystem an und nimmt somit einen negativen Einfluss auf die Konzentration und die Koordination des Sportlers. Aufgrund der Risiken, die durch den Genuss von Alkohol entstehen können, wurde der Konsum von Alkohol als ein Dopingvergehen definiert. Dies gilt allerdings nur in Wettkampfsituationen, wo der Sportler, laut der WADA, maximal 0,1 Promille haben darf. Über Leistungssteigernde Aspekte von Alkohol ist der WADA leider nichts bekannt, jedoch wird in einigen Foren behauptet, dass Alkohol die Schmerzgrenze des Körpers senkt und somit dafür sorgen kann, dass der Sportler eine persönliche Leistungsgrenze überscheiten kann. Nebenwirkungen wären in dem Fall jedoch die Verlängerung der Reaktionszeit und die Beeinträchtigung der Wahrnehmung.

5.Besondere Dopingmethoden zur Steigerung der Ausdauerleistungsfähigkeit

Die Ausdauerleistungsfähigkeit des Menschen hängt im Wesentlichen davon ab, wie viel Sauerstoff er aufnehmen kann. Eine wichtige Rolle spielt hierbei die Sauerstofftransportkapazität des Blutes. Derzeit werden im Leistungssport verschiedene Methoden angewandt um die Ausdauerleistungsfähigkeit zu verbessern. Eine dieser Methoden ist das sogenannte Blutdoping.

5.1.Blutdoping

Unter normalen Bedingungen wird der Sauerstofftransport durch die Menge des Hämoglobins begrenzt, das an die Erythrozyten gebunden ist. Mithilfe der Bluttransfusion steigt jedoch die Hämoglobin-Konzentration an und somit auch die Sauerstofftransportkapazität. Doch nicht nur die Sauerstofftransportkapazität profitiert von diesen Bluttransfusionen, sondern der gesamte Stoffwechsel des Sportlers. Durch das erhöhte Blutvolumen steigt auch das Volumen für Wasserreserven, sodass ein Sportler ohne Flüssigkeitsaufnahme länger leistungsfähiger bleibt und die Körpertemperatur bei Belastung besser reguliert werden kann (verbesserte Thermoregulation). Beim Blutdoping kann sich der Sportler zwischen einer autologen[25], homologen[26] oder heterologen Transfusion[27] entscheiden. Einige Wochen vor einer Wettkampfsituation wird bei dem sogenannten Eigenblutdoping die Zahl der Erythrozyten mithilfe von Höhentraining oder EPO erhöht. Sobald die gewünschte Sauerstofftransportkapazität erreicht ist, wird dem Sportler ein Liter Blut abgenommen, das daraufhin zentrifugiert wird, sodass die roten Blutkörperchen von den restlichen Blutbestandteilen abgetrennt sind. Die daraus gewonnenen konzentrierten Erythrozyten werden mit Stabilisatoren und Gerinnungshemmenden Mitteln versetzt und anschließend gekühlt gelagert. (Hierbei ist zu erwähnen, dass das konzentrierte Blut nun eine erhöhte Viskosität aufweist.) Kurz vor dem Wettkampf wird die Blutkonserve dem Sportler per Transfusion injiziert. Da sein Blut in der Zwischenzeit wieder normale Werte erreicht hat, wird aufgrund dieser Methode die Gesamtzahl der Erythrozyten im Blut des Athleten beträchtlich erhöht. Bei dieser Form des Dopings kommt es aufgrund der erhöhten Menge an dickflüssigem Blut jedoch meist zu

---

[25] Eigenbluttransfusion
[26] Fremdbluttransfusion
[27] Bei dieser Form der Transfusion ist der Spender ein Lebewesen einer anderen Gattung.

einer erhöhten Belastung des Herz-Kreislauf-Systems und ebenfalls zu Bluthochdruck. Als Nebenwirkungen können allerdings auch lebensgefährliche Thrombosen bzw. Embolien auftreten. Beim Fremdblutdoping können zusätzlich noch Risiken in Form von Unverträglichkeiten, Allergien und Übertragungen von Krankheitserregern auftreten.

5.2.Höhentraining

Eine weitere Form des Dopings, welche allerdings von der WADA als regelkonform erklärt wurde, ist das sogenannte Höhentraining. Beim Höhentraining trainieren die Sportler in einer Höhe von etwa 1900-2500 Metern, wo die Luft bereits so stark verdünnt ist, dass der Sauerstoffgehalt in der Luft nur noch bei knapp 17% liegt. Bei solch einer Mangelsituation kommt es zu einer natürlichen Adaption[28] des Körpers, indem er verstärkt rote Blutkörperchen bildet um die Sauerstoffaufnahme- und Sauerstofftransportkapazität zu erhöhen und somit den Mangel an Sauerstoff auszugleichen. Diese Adaption des Körpers findet allerdings erst nach einigen Wochen statt. Eine weitere Möglichkeit diesen Effekt herbeizuführen besteht mithilfe von Höhenkammern oder auch Höhenzelten, welche die Höhenumgebung künstlich darstellen. Da der Blutbildungseffekt des Höhentrainings ein natürlicher Anpassungseffekt ist, der geringe Risiken birgt, sieht die WADA diese Form des Dopings als unproblematisch.

6.Doping der Zukunft

Die medizinische Forschung ist zurzeit besonders ambitioniert. Einige medizinische Einrichtungen arbeiten sogar an der genetischen Manipulation von Menschen. Solche Methoden werden in Zukunft sehr wahrscheinlich auch als Dopingmethoden missbraucht.

6.1.Gendoping

Gendoping ist eine relativ moderne Form des Dopings, die sich allerdings noch in der Forschung befindet. Unter dem Begriff Gendoping versteht man im Allgemeinen die Beeinflussung der natürlichen Gentranskription[29]. Diese Doping-Methode ist allerdings auf die vollständige Entschlüsselung des menschlichen genetischen Codes zurückzuführen und ist somit erst in einigen Jahren möglich. Experimente mit Mäusen zeigten jedoch, dass es möglich ist, mithilfe von Viren bestimmte Genabschnitte in die Zellen der Mäuse einzuschleusen. Somit besteht quasi die Möglichkeit einen Genabschnitt, der Beispielsweise die Synthese eines bestimmten Proteins anregt, das für den Muskelwachstum zuständig ist, so zu programmieren, dass dieser ein verstärktes

---

[28] Anpassung der Körpers an die Umgebung.
[29] Synthese von RNA mithilfe von DNA als Vorlage.

Muskelwachstum erzeugt. Goldspink und seinem Team ist es gelungen den Genabschnitt des sogenannten MGF-Proteins[30] an einen Virus zu binden und ihn einer Maus zu injizieren. Hierbei ergab sich bei der Maus ein Muskelzuwachs von etwa 20% in zwei Wochen. Da wir Menschen in gewissen Merkmalen Ähnlichkeiten mit Mäusen teilen, sollte es in Zukunft möglich sein, einen ähnlichen Virus für Menschen zu entwickeln. Dies könnte für Patienten mit Muskelschwund äußerst hilfreich sein. Da die zusätzlich erzeugten Produkte identisch mit den natürlichen Substanzen sind und somit ein Dopingverdacht nicht nachgewiesen werden kann, ist es sehr wahrscheinlich, dass diese Methode missbräuchlich angewandt wird. Eine Möglichkeit wäre dabei, mithilfe eines synthetisierten Genabschnittes, die Produktion von Erythrozyten anzuregen, um somit eine verstärkte Ausdauerleistungsfähigkeit zu erlangen.

6.2. Rinderhämoglobin

Rinderhämoglobin ist eine Substanz welche sich allerdings noch in der Probe befindet und nach der Verabreichung im Blut, Sauerstoff von der Lunge in die benötigten Regionen verabreichen kann. Dies führt wiederrum zu einer raschen Verbesserung der Sauerstoffversorgung im Organismus. Da das gesäuberte Rinderhämoglobin keine Antikörper besitzt, können es Sportler mit jeder Blutgruppe verwenden. Ähnlich wie bei EPO wird durch Rinderhämoglobin die Ausdauerleistungsfähigkeit verbessert, da die arbeitende Muskulatur mehr Sauerstoff zur Verfügung hat. Das Rinderhämoglobin müsste aufgrund der schnellen Wirksamkeit und der kurzen Haltbarkeit der Leistungssteigerung, wenige Minuten vor einer Belastung injiziert werden. Da zu dem Thema zurzeit noch geforscht wird, gibt es momentan leider keine weiteren hilfreichen Informationen.

7. Nationale Doping Agentur Deutschland

Die Nationale Doping Agentur Deutschland oder auch NADA genannt, ist eine unabhängige Agentur welche gezielt gegen Dopingverstöße vorgeht und im Sommer 2002 gegründet wurde. Seit dem ist sie die zentrale Anlaufstelle für alle Fragen rund um das Thema Doping. Zu ihren Aufgabengebieten zählen Dopingpräventionen, Aufklärungen der Athleten, sowie die Koordination des Doping-Kontroll-Systems (DKS) innerhalb und außerhalb von Wettkämpfen. Die NADA wird hauptsächlich durch den Staat, den Sport und Spenden finanziert. Neben zahlreichen wissenschaftlichen Experten arbeiten die NADA ebenfalls mit Vertretern der Athleten sowie der Sportverbände eng zusammen, um für eine reibungslose Umsetzung des NAD-Codes zu sorgen, der für den deutschen Sport

---

[30] MGF-Protein ist ein Protein welches für den Muskelzuwachs entscheidend ist.

das wichtigste sportartenübergreifende Regelwerk im Bereich des Dopings darstellt. Der Nationale Anti-Doping Code basiert auf den Code der Welt Anti-Doping Agentur und den für die Praxis relevanten „International Standards", zu deren Umsetzung sich Deutschland entschieden hat. Neben zahlreichen rechtlichen Verpflichtungen geht die NADA ebenfalls auf einige weitere Organisationen ein und gründet Initiativen, wie beispielsweise die Initiative für saubere Leistungen.

8.Doping-Kontroll-System (DKS)

Alle in Deutschland durchgeführten Dopingkontrollen werden vom sogenannten Doping-Kontroll-System (DKS) koordiniert und analysiert. Dabei dienen die Dopingkontrollen dazu, analytisch nachweisen zu können, ob sich die Athleten an die strengen Anti-Doping Regelungen halten oder nicht. Die DKS führt Dopingproben sowohl innerhalb von Wettkämpfen als auch außerhalb von Wettkämpfen durch. Dopingkontrollen werden dabei meist mithilfe von Urinproben, Haaranalysen oder Blutstropfenanalysen durchgeführt. Neben den herkömmlichen Trainings- und Wettkampfproben, können zusätzlich noch Ermittlungen gegen bestimmte Spieler durchgeführt werden, bei denen vermutete Verstöße vorliegen. Bei jeglichen Dopingproben muss der Sportler gewisse Fragen beantworten, in denen er sagen muss welche Medikamente oder Nahrungsergänzungsmittel er in den letzten Wochen zu sich nahm. Bei einer Urinprobe begleitet der DCO (Doping-Controll-Officer) den Sportler in einen privaten Raum und ist dazu verpflichtet ungehindert seinen Blick auf die Urinabgabe zu richten, bis diese vollbracht ist. Nach der Probenentnahme wird die Probe an ein Labor geschickt, wo diese flächendeckend analysiert wird und auf Dopingrückständen untersucht wird. Bei einer Blutstropenanalyse ist der DKS dazu in der Lage, mithilfe eines Bluttropfens festzustellen on der Athlet Dopingmittel zu sich nahm oder nicht. Diese Methode ist allerdings noch in der Testphase und wurde noch nicht von der WADA anerkannt. Bei der Haaranalyse gibt es eine hohe Sicherheit für die Nachweisbarkeit harter Dopingsubstanzen. Wenn man davon ausgeht, dass Haare pro Monat etwa einen Zentimeter wachsen, so könnte man mit 12cm langen Haaren etwa 1 Jahr zurückschauend analysieren. Sollte eine der Proben positiv auf eine der verbotenen Substanzen ausfallen, so wird vorläufig eine sofortige Suspendierung des Sportlers ausgesprochen. Sollte sich der daraus entstehende Verdacht des Dopings mithilfe weiterer Proben erübrigen, so leitet die NADA ein Disziplinarverfahren ein, bei dem der Fall vom Sportgericht entschieden wird. Sobald der Athlet für schuldig gesprochen wird, erwarten ihn strenge Sanktionen, bei denen er neben finanziellen Sanktionen noch disqualifiziert, annulliert, suspendiert und gesperrt wird. Alle Ergebnisse, die ab der ersten Probe erzielt wurden, werden somit annulliert. Bei Mannschaftssportarten kommt es meist zu einer Disqualifizierung des Teams. Nach den Zahlen der Nationalen Anti-Doping-Agentur für das Jahr 2006 wurden an deutschen Athleten insgesamt 8196 Dopingkontrollen durchgeführt, davon 4517 Trainingskontrollen und 3679 Wettkampfkontrollen. In 62 Fällen (0,74 %) lagen positive Analysen und weitere relevante Verstöße vor, die von den Verbänden sanktioniert wurden. Kritiker merken an, dass der finanzielle Aufwand für diese geringe Quote in keinem Verhältnis stehe und allein durch das sehr große mediale Interesse gerechtfertigt zu sein scheine.

9.Folgen von Doping

Ein positiver Dopingbefund kann einem Athleten die Karriere kosten und somit seine/ihre Lebensplanung erheblich beeinflussen. Wer nämlich vier Jahre gesperrt wird, verliert schnell den Anschluss an die Konkurrenz. Hohe finanzielle Einbußen, wie bspw. zurückgeforderte Preisgelder und Zahlungen von der Deutschen Sporthilfe, sowie aufgelöste Sponsorenverträge, können den Sportler in eine finanzielle Armut treiben. Auf sozialer Ebene kann es passieren, dass durch Doping sowohl das Image des Sportlers, als auch das Image der Sportart beschädigt werden können, da sich Fans und Zuschauer betrogen fühlen und der Sport somit an Ansehen und Stellenwert in der Gesellschaft verliert. Seit 2016 hat Doping zusätzlich noch rechtliche Folgen. Sobald ein Sportler wegen Dopings beschuldigt wurde, können Geld- oder sogar Freiheitsstrafen von maximal drei Jahren verhängt werden. Für das Dopen von Minderjährigen kann man sogar mit bis zu zehn Jahren Haft rechnen.

10.Dopingprävention

Der Dopingprävention wurde in den letzten Jahren immer stärkere Bedeutung beigemessen. Dies gilt sowohl für den Hochleistungssport als auch für den Breiten- und Freizeitsport. Die NADA fährt hierzu das umfangreiche nationale Präventionsprogramm, „Gemeinsam-Gegen-Doping" und stellt eine Vielzahl an Informations- und Schulmaterialien zu Verfügung. Hinzu kommen Aktivitäten und Initiativen der Sportvereine und –verbände, der Deutschen Sportjugend, der Bundeszentrale für gesundheitliche Aufklärung und der Apotheker zur Dopingaufklärung. All diese Aktivitäten sollen im Nationalen Dopingpräventionsplan (NDPP) gebündelt werden. Inwieweit die Prävention gelingt, hängt auch von der Einstellung der Öffentlichkeit zum Thema Doping ab.

10.Freigabe des Dopings?

Die Einstellung der Bevölkerung zum Thema Doping ist zwiespältig. Einerseits verlangen die Zuschauer, dass die Leistungen der neuen Sportler immer wieder die der vorherigen Sportler übertreffen und Rekorde brechen. Andererseits verlangen sie einen sauberen Sport in dem nicht gedopt wird. Ein weiteres Problem wird durch die Sportaktionäre dargestellt, welche mithilfe der sportlichen Erfolge der Athleten, lukrative Deal abschließen und an den Gewinnen des Sportlers teilhaben. Sollte letztendlich herauskommen, dass der Sportler mit unerlaubten Mitteln nachgeholfen hat, so wird dieser meist von seinen Managern und Aktionären gedeckt, da eine Entlarvung für alle Beteiligten nur Nachteile mit sich bringt. Aus diesem Grund gibt es heutzutage sogar Befürworter einer Freigabe des Dopings, da dies eine Beendigung der Verlogenheit bedeuten würde und somit die Chancengleichheit wiederhergestellt wird. Hierbei ist jedoch zu bedenken, dass durch Doping lediglich eine verzerrte Chancengleichheit möglich ist, da einige Sportler mehr finanzielle Mittel zur Verfügung haben als andere und somit auf teurere, wirksamere Dopingsubstanzen zurückgreifen könnten. Der Großteil der Bevölkerung findet jedoch, dass der Dopingkonsum ungesund und unvorteilhaft gegenüber der jüngeren Bevölkerung ist und verlangt einen fairen Sport in dem eine absolute Chancengleichheit besteht.

11.Die größten Dopingskandale in der Sportgeschichte

In der Vergangenheit gab es so einige Dopingskandale, die den meisten Spitzensportlern ihr Image oder sogar ihre Karriere ruinierte.

11.1.Ben Johnson

Ben Johnson ist ein kanadischer Sprinter der 1988 den Weltrekord erzielte. Er erregte aufgrund seines kraftvollen, beidbeinigen Starts relativ viel Aufsehen. Mit dieser Start-Methode gewann er zu Beginn des Sprints meist einen großen Vorsprung, den er bis zum Ende des Rennens aufrecht erhielt. Ben Johnson gewann 1988 den 100-Meter-Lauf bei den Olympischen Spielen in Seoul und setzte gleichzeitig eine neue Weltrekordzeit von 9,79 Sekunden. Etwa zwei Tage nach diesem Lauf konnte man in seiner Urinprobe Rückstände von Stanozolol, einem synthetisch hergestelltem anabolen Steroid, welches für einen erhöhten Muskelaufbau und eine gesenkten Regenerationszeit sorgt. Kurze Zeit später wurden ihm die Goldmedaille und der Weltmeistertitel von 1987 aufgrund von Doping aberkannt. Johnson gab zwar zu, dass er systematisch Doping einsetzte, behauptet jedoch bis heute, dass er noch nie Stanozolol eingenommen habe und, dass seine Urinprobe von seinem Konkurrenten Carl Lewis sabotiert wurde.

11.2. Lance Armstrong

Lance Armstrong ist ein amerikanischer Profirennradfahre, der mit 21 Jahren die Weltmeisterschaft 1993 in Oslo gewann und 1999-2005 bei sieben Tour de France rennen als Sieger hervorging. 2010 wurde gegen Lance Armstrong ein strafrechtliches Verfahren eingeleitet, nachdem einige seiner Teamkollegen ihre Dopingsünden beichteten und mit der Polizei kooperierten. Dieses strafrechtliche Verfahren wurde jedoch eingestellt und endete mit einer lebenslangen Sperre von der US-Antidopingagentur. Lance Armstrong wurde nach der Veröffentlichung eines Buches dazu beschuldigt, 1999 EPO genommen zu haben, um seine Ausdauerleistungsfähigkeit zu verbessern. 2012 entschied die US-Antidopingagentur, dass alle Erfolge von Lance Armstrong ab dem 1.August 1998 aberkannt werden und dass dieser eine lebenslange Sperre erhält.

11.3. Russlands Dopingskandal

Am 4.Dezember 2014 erschien ein Dokumentarfilm der ARD unter dem Titel „Geheimsache Doping – Wie Russland seine Sieger macht", in dem sie das systematische Doping, Vertuschung von Kontrollen sowie die Korruption in Russland auf schockierende Weise bestätigten. Die WADA reagierte auf diese Vorwürfe und leitete am 16.Dezember 2014 die Ermittlungen ein. Im Sommer 2015 veröffentlichte die ARD eine neue Doku unter dem Titel „Geheimsache Doping: Im Schattenreich der Leichtathletik", in der sie neue Belege für das Vergehen in Russland veröffentlichten. Ende 2015 legte die Kommission der WADA ihren ersten Bericht vor, in dem sie die Empfehlung abgibt, Russland aus der IAAF auszuschließen. Ende 2019 kamen die Ermittlungen letztendlich zum Erliegen und das WADA-Exekutivkomitee beschloss, dass Russland als Nation für die nächsten vier Jahre aus allen großen Sportveranstaltungen ausgeschlossen wird.

12. Fazit

Wie bereits in der Einleitung erwähnt wurde, ist Doping ein hochkomplexes Thema, dass sich in einer gefährlichen Situation befindet. Durch die immer schlechter werdende Nachweisbarkeit von Dopingsubstanzen besteht die Gefahr, dass der Sport zu einer reinen Dopingveranstaltung wird, wodurch junge, nichtdopende Sportler dazu gedrängt werden, Dopingmittel zu sich zu nehmen, um mit der Elite mithalten zu können. Aus diesem Grund müssen Lösungsansätze für dieses Thema ebenfalls hochkomplex sein. Kläber (2012) schlägt eine möglichst frühzeitige und rigorose Aufklärungsarbeit im prophylaktischen Sinne vor, die schon in den Schulen beginnen müsste. Das NADA-Präventionsprogramm (Gemeinsam-Gegen-Doping) setzt ebenfalls frühzeitig ein und folgt dieser Einschätzung.

Fächerübergreifend könnte man sich im Biologieunterricht mit den Wirkungsweisen der Dopingmittel und Negativauswirkungen auf die Gesundheit befassen. Sinnvollerweise sollten auch der Sportunterricht sowie die Sportvereine in die Aufklärungsarbeit integriert werden. Es geht aber meiner Meinung nach beim Kampf gegen Doping um mehr als nur um den Sport, es handelt sich letztendlich auch um ein gesamtgesellschaftliches Problem. Ich finde, dass kein Sportler zum Doping gedrängt wird, jedoch ist der gesellschaftliche Druck gegenüber den Sportlern meist der ausschlaggebende Faktor. Neben dem gesellschaftlichen Druck, sehe ich auch ein Problem darin, dass der Sport sich vermehrt nach dem Profit richtet und in der Wirtschaft einen zu großen Anteil bildet, sodass es letztendlich immer darauf hinausläuft, dass geldgierige Menschen zum Doping greifen, um sich eine sorgenlose Zukunft zu sichern. Aber nicht nur im Leistungssport, sondern auch im Breitensport besteht das Problem des Dopings. Hierbei liegt das Problem allerdings bei den gesellschaftlichen Idealen, die einem vermitteln, dass man einen gut gebauten Körper benötigt um mit sich selber zufrieden sein zu können. Aus diesem Grund versuchen einige Breitensportler den harten Weg zum Traumkörper zu umgehen und stattdessen zu gefährlichen Medikamenten zu greifen. Bei diesem Problem sehe ich es allerdings für wichtig, dass in Schulen vermehrt über Doping aufgeklärt wird, sodass den Jugendlichen klar wird, dass sie perfekt sind so wie sie sind. Außerdem sollte den Jugendlichen von Grund auf vermittelt werden, dass Arbeit und Fleiß der bestmögliche Weg zu einem dauerhaften Erfolg sind. Schlussendlich lässt sich noch einmal sagen, dass ein sinnvoller Ernährungs- und Trainingsplan letztendlich zu einem länger andauernden Erfolg führt. Denn wer über lange Jahre hinweg erfolgreich sein will, würde das enorme Risiko, die eine dauerhafte Einnahme von Medikamenten mit sich bringt, nicht eingehen. Die beste Medizin ist und bleibt jedoch ein wissenschaftlich gut aufgebauter Trainingsplan.

13.Quellenverzeichnis

A

https://www.antidoping.ch/praevention/ausbildungsangebot/mobile-lesson/s3-beta-2-agonisten (20.04.2020 - 21:58)

https://www.anabolika-experten.de/ (20.04.2020 – 14:55)

https://www.apotheken-umschau.de/erythropoetin (08.04.2020 - 20:49)

https://info.arte.tv/de/doping-zahlen (07.04.2020 - 19:35)

https://programm.ard.de/TV/Programm/Sender/?sendung=28229203216997 (07.04.2020 – 19:10)

B

http://www.biologie-schule.de/transkription.php (22.04.2020 - 17:47)

C

https://praxistipps.chip.de/halbwertszeit-was-ist-das-und-wie-wird-es-online-berechnet_9892 (22.04.2020 - 17:26)

D

https://www.drugcom.de/drogenlexikon/buchstabe-b/beta-2-agonisten/ (20.04.2020 – 21:03)

F

https://flexikon.doccheck.com/de/Lipophil (22.04.2020 - 17:02)

https://flexikon.doccheck.com/de/Proteinstoffwechsel (22.04.2020 - 16:24)

https://www.faz.net/aktuell/sport/sportpolitik/doping/designer-doping-stoffe-im-leistungssport-14069048.html (08.04.2020 - 19:07)

G

https://g.co/kgs/W8maa5 (22.04.2020 - 16:40)

https://www.gida.de/testcenter/biologie/bio-dvd021/aufgabe_04.htm (21.04.2020 - 19:44)

https://www.gemeinsam-gegen-doping.de/fileadmin/GGD_uebersicht/docs/2013_NADA-Schulmaterialien.pdf (21.04.2020 - 02:17) https://www.gelbe-liste.de/wirkstoffgruppen/diuretika (20.04.2020 - 17:28)

H

https://www.hr-inforadio.de/programm/das-thema/so-entwickelte-sich-der-russische-dopingskandal,doping-chronologie-100.html (21.04.2020 – 00:11)

K

https://www.kidkit.de/informationen/zu-sucht/infos-zu-sucht/suchtmittel-und-ihre-wirkungsweise/kokain/ (20.04.2020 – 16:47)

M

https://www.medmix.at/nandrolon-als-dopingmittel/?cn-reloaded=1 (21.04.2020 – 20:38)

https://www.maennergesundheit.info/maennergesundheit/hormone/testosteron.html (21.04.2020 - 20:13)

https://medlexi.de/Peptidhormon (21.04.2020 - 19:53)

https://www.medikamente-und-sucht.de/interessierte-und-betroffene/medikamente-und-ihre-risiken/anregungsmittel-stimulanzien.html (20.04.2020 - 16:09)

N

https://www.netdoktor.de/therapien/placeboeffekt/ (22.04.2020 – 17:05)

https://www.netdoktor.at/laborwerte/testosteron-8456 (21.04.2020 - 20:14)

https://www.nada.at/de/medizin/risiken-nebenwirkungen/marketshow-peptidhormone-wachstumsfaktoren-verwandte-substanzen-und-mimetika (21.04.2020 - 19:37)

https://www.nzz.ch/sport/doping-skandal-wada-sperrt-russische-sportler-fuer-vier-jahre-ld.1441732 (21.04.2020 - 00:07)

https://www.nada.at/de/medizin/risiken-nebenwirkungen/marketshow-beta-2-agonisten (20.04.2020 - 20:58)

https://www.nada.at/de/medizin/risiken-nebenwirkungen/marketshow-stimulanzien (20.04.2020 - 16:04)

https://www.nada.de/doping-kontroll-system/ (19.04.2020 – 21:05)

https://www.nzz.ch/sport/doping-im-langlauf-so-funktioniert-das-eigenblutdoping-ld.1463474#subtitle-was-ist-das-ziel-second (16.04.2020 – 21:27)

https://www.nada.at/de/praevention/dopipedia/marketshow-warum-wird-gedopt (07.04.2020 - 21:12)

https://no-doping.fifa.com/de/was-ist-doping.html (07.04.2020 - 20:41)

O

https://www.olympic.org/the-ioc (20.04.2020 - 22:30)

https://www.onmeda.de/Wirkstoffgruppe/Diuretika.html (20.04.2020 - 18:59)

P

https://www.pharmazeutische-zeitung.de/inhalt-10-2004/titel-10-2004/ (20.04.2020 – 18:15)

https://prezi.com/nz2-ovpyctvl/facharbeit/ (08.04.2020 – 20:57)

https://www.planet-wissen.de/gesellschaft/sport/doping_gefaehrliche_mittel/index.html (07.04.2020 - 19:50)

https://www.pharmawiki.ch/wiki/index.php?wiki=Dopingmittel (24.03.2020 – 11:39)

R

https://www.ratgeber-herzinsuffizienz.de/behandeln/wirkstoffgruppen/diuretika (20.04.2020 - 19:28)

S

https://www.spiegel.de/sport/sonst/olympische-winterspiele-chronologie-des-russischen-doping-skandals-a-1181603.html (21.04.2020 - 23:21)

https://www.sport1.de/mehr-sport/2017/12/welt-anti-doping-agentur-streicht-alkohol-von-verbotsliste (21.04.2020 - 03:42)

https://www.spiegel.de/sport/olympia/ioc-will-wada-entscheidung-zu-russland-doping-akzeptieren-a-1299864.html (20.04.2020 - 22:40)

https://www.sueddeutsche.de/sport/doping-russland-ioc-1.4714676 (20.04.2020 - 22:39)

https://www.spektrum.de/lexikon/neurowissenschaft/narkotika/8234 (20.04.2020 - 16:19)

https://de.statista.com/statistik/daten/studie/5966/umfrage/mitglieder-der-deutschen-fitnessclubs/ (16.04.2020 – 17:49)

T

https://www.teleclinic.com/laborwert/erythrozyten/ (22.04.2020 – 18:50)

https://www.tagesspiegel.de/sport/olympische-spiele-wie-der-sprinter-ben-johnson-die-welt-narrte/23103558.html (21.04.2020 - 22:16)

W

https://de.wikipedia.org/wiki/Sympathikus (22.04.2020 - 17:34)

https://www.wortbedeutung.info/verestern/ (22.04.2020 – 16:36)

https://www.wada-ama.org/sites/default/files/resources/files/2015-wadc-final-de.pdf (22.04.2020 - 14:34)

https://de.wikipedia.org/wiki/Lance_Armstrong (21.04.2020 - 22:45)

https://de.wikipedia.org/wiki/Ben_Johnson_(Leichtathlet) (21.04.2020 – 22:17)

https://de.wikipedia.org/wiki/Blutersatz (21.04.2020 - 21:36)

https://de.wikipedia.org/wiki/Stanozolol (21.04.2020 - 20:59)

https://de.wikipedia.org/wiki/Testosteron (21.04.2020 - 20:16)

https://de.wikipedia.org/wiki/Anabole_Steroide (20.04.2020 - 02:47)

14. Literaturverzeichnis

„Doping im Sport", Helga Blasius, 3. aktualisierte Auflage, Wissenschaftliche Verlagsgesellschaft, Stuttgart 2017 (ISBN 978-3-8047-3277-3)

„Doping im Ausdauersport", Benedikt Sperl

„Optimales Sportwissen, Grundlagen der Sporttheorie und Sportpraxis, 3.überarbeitete und erweiterte Auflage", Wolfgang Friedrich (ISBN 978-3-943996-90-6)

15. Abbildungsverzeichnis

Abbildung 1: Testosteron Summenformel; https://de.wikipedia.org/wiki/Testosteron (22.04.2020 – 21:13)

Abbildung 2: Nandrolon Summenformel; https://de.wikipedia.org/wiki/Nandrolon (22.04.2020 – 21:14)

Abbildung 3: Stanozolol Summenformel; https://de.wikipedia.org/wiki/Stanozolol (22.04.2020 – 21:16)

Abbildung 4: Ephedrin Summenformel; https://de.wikipedia.org/wiki/Ephedrin (22.04.2020 – 21:17)

Abbildung 5: Morphin Summenformel; https://de.wikipedia.org/wiki/Morphin (22.04.2020 – 21:18)

Abbildung 6: Erythropoetin Summenformel; https://de.wikipedia.org/wiki/Erythropoetin (22.04.2020 – 21:19)

Abbildung 7: Kokain Summenformel; https://de.wikipedia.org/wiki/Kokain (22.04.2020 – 21:10)